Inhalt

Neue PDAs - mehr als nur Kalender

Kernthesen

Beitrag

Fallbeispiele

Weiterführende Literatur

Impressum

GENIOS WirtschaftsWissen Nr. 01/2003 vom 31.01.2003

Neue PDAs - mehr als nur Kalender

I.Zeilhofer-Ficker

Kernthesen

- Taschencomputer, sogenannte PDAs (Personal Digital/Data Assistant), wurden vor etwa 6 Jahren als Ersatz für die früher gebräuchlichen Papier-Organizer auf den Markt gebracht.
- Diese Kleinstcomputer werden zum Großteil immer noch nur als Terminkalender und zur Adressenverwaltung eingesetzt, obwohl neueste technische Entwicklungen umfangreiche weitergehende Einsatzmöglichkeiten erschließen. (1)
- Moderne Geräte können sich nicht nur über Mobilfunk mit dem heimischen Server verbinden, um E-Mails oder Internet-

Information abzurufen, sondern sind auch multimedia-tauglich.
- Die Zukunft könnte den bereits gebräuchlichen "Smartphones" gehören, die den digitalen Assistenten mit dem Handy verbinden.
- Steuerung durch Sprache oder Gestik sowie wirkliche Handschrifterkennung sind zukünftige "Features", auf die man sich freuen darf.

Beitrag

Historie

Früher hatte man zwei Möglichkeiten, seine Termine und Adressen in den Griff zu bekommen - man sammelte entweder eine Flut von Zetteln und Visitenkarten in einer Schachtel und überließ die Terminplanung und -koordination seiner Sekretärin, oder man hatte einen Organizer, oft aufwendig gebunden in Leder, mit Tages-, Wochen-, Monats- und Jahreskalender sowie speziellem Adressteil, in dem alle wichtigen Telefonnummern und Adressen vermerkt wurden. Jeder Termin wurde darin akribisch erfasst - und nicht selten verpasst, weil er statt im Tagesteil nur in der Monatsübersicht gelandet war.

Vor 6 Jahren wurde alles anders: Die Firma Palm brachte den ersten "Pilot" genannten PDA auf den Markt und leitete damit den Wandel vom Papierkalender zum Mini-PC ein.

Moderne PDAs können heute viel mehr als ein Terminkalender und ein Adressbüchlein, trotzdem nutzen sie die meisten Anwender nach wie vor nur für die Terminplanung und zur Adressverwaltung. Nur etwa ein Viertel der Kleinstcomputer werden für Office-Anwendungen, für E-Mails oder Datenbank-Utilities verwendet, zum Herunterladen von Internet-Seiten werden gar nur 14 Prozent der Geräte eingesetzt. (1)

Brauche ich einen PDA?

Ohne Terminkalender kommt heutzutage kaum noch jemand aus. Berufliche Termine sind mit privaten zu koordinieren, die Terminpläne von Besprechungsteilnehmern miteinander abzustimmen und die anstehenden Aufgaben müssen mit der verfügbaren Zeit in Einklang gebracht werden. Time-Management-Kurse, in denen Techniken der Termin- und Arbeitsplanung vermittelt werden, erfreuen sich nach wie vor großer Beliebtheit. Ein elektronischer

Datenassistent kann hier sehr gute Dienste leisten.

Wer dazu auch noch öfter auf Reisen geht oder von wechselnden Arbeitsplätzen aus tätig ist, wird bald froh darüber sein, wenn er seinen schweren Papier-Organizer durch einen leichtgewichtigen PDA ersetzen kann. Leistet man sich ein höherwertiges Modell, kann man oft auch auf die Mitnahme des Notebook verzichten, da E-Mails oder Internetseiten über den PDA abgerufen und verschickt, ja mit dem entsprechenden Zubehör sogar ganze Powerpoint-Präsentationen an die Leinwand projiziert werden können. Natürlich dient der Mini auch als "Gameboy für Erwachsene", denn mittlerweile gibt es viele der bekannten PC-Games auch als Mini-Computer-Version. (13)

Sind einem zwei Leichtgewichte immer noch zu viel Gepäck, findet man mit den modernen "Smartphones" - die Kombination von PDA und Handy - die ideale Lösung. Mit den nur wenige Hundert Gramm schweren Geräten hat man fast eine komplette Büroausstattung in der Jackentasche.

Ausstattung von modernen PDAs

PDAs sind in verschiedensten Ausstattungsvarianten

erhältlich. Die Entscheidung für ein bestimmtes PDA-Modell wird hauptsächlich davon abhängen, wieviel Geld man ausgeben will und wofür man das Gerät einsetzt. Dann muss die Frage geklärt sein, welches der vier gängigen Betriebssysteme das passende ist. Führend auf dem Markt sind (noch) Geräte, die auf dem Palm-OS-Betriebssystem basieren, das leistungsfähige Pocket-PC-System von Microsoft gewinnt aber an Boden. Symbian-Epoc-Geräte spielen vor allem im Smartphone-Bereich eine Rolle und als vierte Alternative gibt es eine Linux-Adaption. (12)

Niedrigpreis-Modelle

Entscheidet man sich für ein Niedrigpreismodell um die 100,– Euro, erhält man kaum mehr als die Standardfunktionen Terminplaner, Adressbuch, Aufgabenliste und Kalender. Die wenigen verfügbaren Spiele können auf Reisen die Langeweile vertreiben; die Möglichkeit, handschriftliche Notizen einzugeben, die Merkzettel ersetzen. Die Datensynchronisation mit Windows-PC oder Apple Macintosh-Computer ist möglich. Keine großen Ansprüche darf man bei diesem Preis an die Speicherkapazität stellen. (5)

Traditionell basieren bisher die Niedrigpreis-

Taschencomputer bis zu 300,— Euro auf dem Betriebssystem von Palm. PDAs, die mit Pocket-PC von Microsoft ausgestattet sind, waren bisher kaum unter 500,— Euro erhältlich. Das wird sich nun ändern. Dell hat auf der Comdex im November 2002 seine erste PDA-Serie unter dem Namen Axim vorgestellt. Mit diesen Hochleistungs-Handhelds kann man alle Microsoft-Office-Applikationen inklusive E-Mail, Messenger und Internet-Explorer nutzen, die Geräte sind für drahtlose Kommunikation ausgerüstet und verfügen über leistungsstarke Intel XScale-Prozessoren und umfangreiche Speicherkapazität zu einem Preis von 249,— bzw. 349,— Euro. (4), (6)

Als Antwort auf die Herausforderung von Dell haben auch Viewsonic, Vobis und Hewlett-Packard Pocket-PC-PDAs zu Preisen von unter 300,— Dollar auf den Markt gebracht.

Was kann ein PDA sonst noch

Wer etwas mehr Geld ausgeben will, kann unter einer Vielzahl von Funktionalitäts-Varianten wählen. Moderne TFT-Displays, die über 65 000 Farben kräftig und kontrastreich darstellen, ermöglichen Bild- und Video-Betrachtung und erhöhen den Spaß-Faktor bei dreidimensionalen Spielen. Die drahtlose

Datenkommunikation mit Handys oder Druckern wird durch integrierte Bluetooth- oder Infrarot-Module erleichtert, die Verbindung zum Intra- oder Internet wird über GSM-Netzwerkkarten nach Bedarf hergestellt, oder man kann sich dafür entscheiden, über GPRS ständig online zu sein. (11)

Viele Handhelds arbeiten mit Graffiti-Stift-Eingaben auf Display. Da die Handschrifterkennung aber noch nicht optimal ist, beinhalten einige Geräte Klein-Tastaturen. Auch externe Tastaturen können angeschlossen werden. Zum Beispiel gibt es eine virtuelle Tastatur, die über Laserdiode auf Tischplatten projiziert wird oder eine Tastatur aus Stoff. (7)

Über Kompaktmodule im Memory-Stick-Format können Präsentationen mit Beamer oder anderen VGA-Ausgabegeräten projiziert werden. (14) Mit Spezialsoftware kann der PDA auch zum Navigationssystem fürs Auto aufgerüstet oder über eine spezielle Freisprechanlage im Auto zum telefonieren, faxen oder E-Mailen verwendet werden. (7)

Ein eingebautes Mikrofon und Kopfhörer machen den PDA zum Diktiergerät. Mit zusätzlich angeschlossenem Kameramodul, MP3- oder Media-Player wird es zum voll tauglichen Multi-Media-

Gerät. (8), (9) Ob das erhältliche Massagemodul für PDAs der Verkaufsschlager wird, bleibt allerdings abzuwarten. (10)

Fallbeispiele

Der Markt in Bewegung

Der PDA-Markt ist in den letzten Monaten in Bewegung geraten. Die Zeiten zweistelliger Wachstumsraten sind zwar vorbei, aber laut Gartner ist der Absatz von Taschencomputern im dritten Quartal 2002 in Europa erstmals wieder angestiegen, und zwar um 15 Prozent. Allein die Deutschen gaben im Jahr 2002 rund 257 Millionen Euro für PDAs aus. Weltweit reduzierten sich die Verkäufe zwar um 2,4 Prozent auf ca. 2,5 Millionen Stück, Prognosen gehen bei sinkenden Preisen aber von steigenden Verkaufszahlen aus. (2)

Verschiedene Faktoren spielen für die Belebung des Marktes eine Rolle. Waren die PDAs bisher hauptsächlich im Geschäftsbereich zu finden, will man durch "Einsteiger-Modelle" mit Minimalst-

Funktion und Niedrigpreis vermehrt auch Privatkunden zum Kauf eines digitalen Assistenten animieren. So brachte der PDA-Pionier Palm im Herbst 2002 den Zire auf den Markt, der mittlerweile bereits unter 100,— Euro erhältlich ist, und damit im Preis fast an die gebräuchlichen, gebundenen Papier-Kalendarien herankommt. (3) Weitere Marktbelebung wird von der Einführung von zwei Dell-Taschencomputern erwartet. Die Axim genannten PDAs sind in zwei Varianten erhältlich. (4), (6)

Einige Geräte im Vergleich

Hier einige Beispiele von erhältlichen PDA-Geräten mit Auszügen ihrer wichtigsten technischen Einzelheiten.

Palm OS Betriebssystem

- Palm Zire, Billig-PDA mit 16 Mhz CPU, 2 MB Hauptspeicher, monochrom Display (3)
- Palm m130, Farbdisplay, mehr Speicher (12)
- Palm Tungsten T mit 144 Mhz CPU, 16 MB RAM und 16 MB Flash-ROM, Bluetooth integriert, reflexives Display, SD/MultiMediaCard-Slot, Mikrofon (3)

- Handspring Treo 90, integrierte Tastatur, Bluetooth, 16 MB Speicher, USB, Hintergrund-beleuchteter Touchscreen

Microsoft Pocket PC

- Dell Axim X5, 300 Mhz oder 400 Mhz CPU, TFT-Display, Mikrofon, Lautsprecher, Secure-Digital und CompactFlash-Anschluss für Wireless- oder Bluetooth-Karte (6)
- HP iPAP H 5450 für auf Sicherheit Bedachte: die Daten können mit Fingerabdruck-Erkennung geschützt werden (4)
- HP IPACL H3800 erster kommerzieller PDA mit Sprachein- und -ausgabe (IBM Via Voice)
- Olivetti DV@Colour, Farbdisplay und 56K-Modem
- Fujitsu-Siemens Pocket Loox, 400 MHz CPU, TFT-Display, Bluetooth-Modul, Infrarot und USB, GPRS möglich
- Toshiba e740, 400 MHz CPU mit Wireless LAN oder Bluetooth, Multimedia, Fotobetrachtung (12), (15)
- Toshiba e330, 300 MHz CPU, 64 MB SDRAM, TFT-Display, Media Player, Voice Recorder, Bluetooth, Infrarot und USB
- Viewsonic V35 Pocket PC, 300 MHz CPU, 32 MB Flash Memory, 64 MB RAM, LCD-Display
- Casio 200-G, 206 MHz CPU, Wireless, Display, Multimedia, Fotobetrachtung (15)

Linux Betriebssystem

- Sharp Zaurus 5500 GL, einfacher Internetzugang (12)

Smartphones

- Handspring Treo 270 (Palm OS), Tastatur, Farbdisplay, GPRS Funkmodul (12)
- Nokia Communicator 9210 (Symbian-Epoc), Farb-Display, Tastatur, Multimedia-Card-Slot (12)
- T-Mobile MDA (Pocket PC), TFT-Display, Handschrifterkennung, Multimedia, GPRS, USB (12)
- O2 XDA (Pocket PC), TFT-Display, Handschrifterkennung, Multimedia, GPRS, USB (12)
- HP Jornada 928 WDA (Pocket PC), GPRS, USB, Infrarot, Handschrifterkennung
- Research in Motion (RIM) Blackberry, E-Mail-Client, GPRS, Java-Plattform
- Motorola Accompli 008, Handschrifterkennung, Softwaretastatur, GPRS
- Siemens SX 45i, (Pocket PC), Farbdisplay, CompactFlash-Slot, SD/MMC-Slot, GPRS

Weiterführende Literatur

(1) Teures Schmuckstück, FOCUS, 09.12.2002, Ausgabe: 50, S. 178
aus Frankfurter Allgemeine Zeitung, 04.11.2002, Nr. 256, S. 25

(2) Schütze, Arno, Taschencomputer - Digitale Diener erobern Firmenwelt - In vielen Unternehmen schon Standardausrüstung - Mehr als nur Notiz- und Adressbücher, Mitteldeutsche Zeitung vom 22.11.2002
aus Frankfurter Allgemeine Zeitung, 04.11.2002, Nr. 256, S. 25

(3) Dernbach, Christoph, Palm greift in zwei Marktsegmenten an - "Zire" richtet sich an den preisbewussten und "Tungsten" an den technikverwöhnten PDA-Käufer, Allgemeine Zeitung, Mainz Verlags-Gruppe Rhein-Main, 02.11.2002
aus Frankfurter Allgemeine Zeitung, 04.11.2002, Nr. 256, S. 25

(4) Bauer, Antonie, Krieg der Zwerge, Süddeutsche Zeitung, 22.11.2002, Ausgabe Deutschland, S. 20
aus Frankfurter Allgemeine Zeitung, 04.11.2002, Nr. 256, S. 25

(5) Volks-Handheld Palms neues Produkt, der Zire, kommt in schickem Design daher - enttäuscht aber bei der Ausstattung
aus FTD Financial Times Deutschland vom 09.10.2002, Seite 33

(6) http://www.dell.de - Unternehmensprofil - Presse -

Dell kündigt seinen ersten PDA an
aus FTD Financial Times Deutschland vom 09.10.2002, Seite 33

(7) Pieringer, Matthias, Mini-Computer - Handliche Helfer, FOCUS-MONEY, 02.10.2002, Ausgabe 41, S. 91
aus FTD Financial Times Deutschland vom 09.10.2002, Seite 33

(8) PALM TUNGSTEN T Der Handheld wählt für das Handy
aus IT Business, Heft 45/2002, S. 13

(9) In bester Gesellschaft
aus Frankfurter Allgemeine Zeitung, 24.12.2002, Nr. 299, S. T1

(10) Massage mit dem PDA
aus Die Welt, Jg. 52, 02.11.2002, Nr. 256, S. 38

(11) Die neuen Palm-Organizer richten sich an den Profi
aus Frankfurter Allgemeine Zeitung, 05.11.2002, Nr. 257, S. T1

(12) Stroisch, Jörg, Ein Büro für jede Westentasche, Kölner Stadtanzeiger, 05.12.2002
aus Frankfurter Allgemeine Zeitung, 05.11.2002, Nr. 257, S. T1

(13) Im Meeting mit Lara Croft Aufwändige PC-Spiele wie Tomb Raider gibt es inzwischen auch für Handhelds. Was können die Schrumpf-Versionen?

aus FTD Financial Times Deutschland vom 02.10.2002, Seite 32

(14) Widget GmbH - Mobile Präsentation mit dem Sony Clié, Computerwoche, 08.11.2002, Nr. 45, S. 26
aus FTD Financial Times Deutschland vom 02.10.2002, Seite 32

(15) Wanhoff, Thomas, Handhelds mit Funk-Netzwerkkarte im Test: Toshiba gegen Casio, Frankfurter Neue Presse, Gemeinsame Ausgabe vom 15.10.2002, S. 3
aus FTD Financial Times Deutschland vom 02.10.2002, Seite 32

(16) Zschunke, Peter, Millionen Handschriften analysiert, Microsoft stellt Windows-Version für den neuen Tablet-PC vor / Flachcomputer ohne Tastatur, Allgemeine Zeitung, Mainz Verlags-Gruppe, Rhein-Main, 09.11.2002
aus FTD Financial Times Deutschland vom 02.10.2002, Seite 32

(17) Lischka, Konrad, Auf der Suche nach der bedienerfreundlichen Tastatur - Handys und Computer für die Westentasche werden immer kleiner, das Tippen wird dadurch zum Problem, Stuttgarter Zeitung, 31.12.2002, S. 9
aus FTD Financial Times Deutschland vom 02.10.2002, Seite 32

(18) Der Cargo-Kult der neuen Heiden Ubiquitous

Computing wird allgegenwärtig
aus Neue Zürcher Zeitung, 06.12.2002, Nr. 284, S. 77

Impressum

Neue PDAs - mehr als nur Kalender

Bibliografische Information der deutschen Nationalbibliothek

Die Deutsche Nationalbibliothek verzeichnet diese Publikation in der deutschen Nationalbibliografie; detaillierte bibliografische Daten sind im Internet über http://dnb.d-nb.de abrufbar.

ISBN: 978-3-7379-1157-3

© 2015 GBI-Genios Deutsche Wirtschaftsdatenbank GmbH, Freischützstraße 96, 81927 München, www.genios.de

Alle Rechte vorbehalten. Dieses Werk ist einschließlich aller seiner Teile – z.B. Texte, Tabellen und Grafiken - urheberrechtlich geschützt. Jede Verwertung außerhalb der Grenzen des Urheberrechtsgesetzes bedarf der vorherigen Zustimmung des Verlags. Dies gilt insbesondere auch für auszugsweise Nachdrucke, fotomechanische Vervielfältigungen (Fotokopie/Mikroskopie), Übersetzungen, Auswertungen durch Datenbanken oder ähnliche Einrichtungen und die Einspeicherung und Verarbeitung in elektronischen Systemen.